사랑은 물음표가 아닌 느낌표!

사랑은 물음표가
아닌 느낌표

초판 1쇄 발행 2021. 12. 29
초판 2쇄 발행 2022. 11. 16
지은이 썸머 (고아라)
편집 | 디자인 고애라
발행처 문장과장면들 (979-11) 966454
등록 2019년 02월 21일 (제25100-2019-000005호)

팩스 0504) 314-0120
이메일 sentenceandscenes@gmail.com
인스타그램 instagram.com/sentenceandscenes

세상에 작은 빛을 전하기 위해 책을 만듭니다.
문장과 장면들은 우리가 이야기하는 방식입니다.

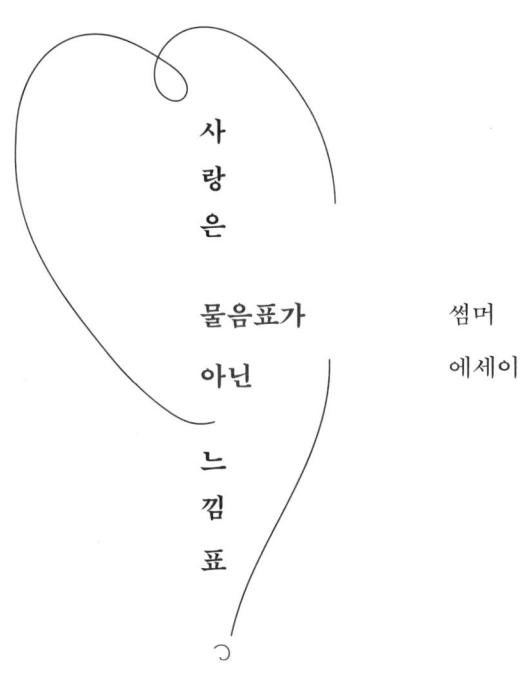

사랑은
물음표가
아닌
느낌표

썸머
에세이

문장과
장면들

당신의 사랑,
느낌표인가요!

해피엔딩은 몰라도 회피엔딩은 싫으니까!

나의 애정이 기운 곳으로 향하는 여정

들어가며

  어릴 적부터 나는 일찍이 내가 주인공이라는 걸 알았다. 태어난 순간부터 나와 똑닮은 동생이 함께였고 그로 인해 주변 사람들의 관심을 두 배로 받으며 자라왔다. 예쁘다 예쁘다 해주는 어른들 덕에 나는 내가 세상에서 제일 예쁜 사람이라고 생각했다. 두 번째로 예쁜 사람은 나와 쌍둥이인 동생 정도? 주인공이라는 자각과 공주병의 상호작용으로 꽤 순수한 사춘기 시절을 보냈다.

어떤 어려움도 나를 비껴갈 거란 믿음과 모두가 나를 사랑해 줄 거라는 기대는 생각처럼 오래가지 못하고 무너졌다. 사랑하는 부모님의 이별, 친구들에게 원치 않는 오해와 미움을 겪게 되면서 나의 두 번째 사춘기는 시작되었다.

그러나 나는 여전히 알고 있었다. 모두가 날 사랑하지는 않는다고 하여도 내가 주인공이라는 사실에는 변함이 없다는 것을. 그저 발랄하고 사랑스러운 공주님인 줄 알았는데 알고보니 여전히 사랑스럽지만 조금 엉뚱하고 짠한 구석이 있는 캔디였을 뿐, 주인공이라는 사실은 변함이 없다. 뜻밖의 시련을 겪은 덕에 마주한 어려움 앞에서도 굴하지 않고 꿋꿋이 이겨낼 힘까지 얻었다.

"괜찮아,
 원래 주인공에겐 어려움이 따르기 마련이야."

금세 털고 일어나 기도하며 인내하고 이겨내는 것. 나에게 주어진 삶을 깊이 바라보며 사랑스러운 구석을 서둘러 찾아내는 것. 그것이 내가 주인공으로서 삶을 살아가며 사랑하는 방식이다.

    영화 속 주인공처럼 해피엔딩을 향해 나아가는 삶이라면 좋겠지만, 내 인생의 엔딩은 알 수가 없다. 계속해서 멈추지 않고 앞으로 나아갈 뿐이다. 그래서 나는 결심했다. 어떤 엔딩을 꿈꾸기보다는 어떤 사람이 될 수 있을지 기대하며 더욱 열심히 페달을 밟아가 보기로!

    이 책은 나의 걸음들에 대한 이야기다. 힘차게 달리다가도 숨이 차면 잠시 쉬어가기도 하며 나만의 속도와 걸음을 찾아가는 이야기. 가끔은 넘어져도 괜찮다. 여전히 살아있으니 다시 일어나 먼지를 툭툭 털고 나아갈 수 있다. 그러니 당신도 조급해하거나 포기하지 말고 길 위에 서 있는 스스로를 위로해줄 수 있기를 바란다.

당신에게 썸머가.

물음표 같은 당신의 삶 속에서
느낌표를 찾을 수 있기를!

차례

가보지 못한 엔딩이야말로 새드엔딩	18
불균형의 마음	24
여름이면 나는 숏커트가 하고 싶어진다	28
질풍노도 여름 속 평화	34
빈 가방으로 떠나는 여행	36
나의 열아홉	40
좋아하는 마음도 적립이 가능한가요?	48
별이 뜨는 밤	52
무대가 시작되기 전에	56
뒤돌아 걷기	60
취미는 짝사랑	62
소설을 읽다가	68
1시에서 6시	70

산책	78
안부	80
라디오가 듣고 싶은 날	84
나는 여전히 내가 궁금하다	88
여름이 가고 가을이 올 때면	92
3월과 10월은 닮았다	98
언제나 그랬듯이	100
나의 무게	106
붕어빵과 여름 과일	108
노란 장화	110
곰돌이와 냉장고	114
상영 예정작	120
씨앗을 심는 일	126

기쁨과 슬픔의 시작은 사랑	130
사랑은 물음표가 아닌 느낌표!	136

가보지 못한 엔딩이야말로

새드엔딩

붕어빵의 꼬리를 좋아하지만 머리부터 먹는다. 피자의 끄트머리를 좋아하지만 토핑부터 야금야금 먹는다. 머리에서 꼬리에 가까워질수록, 토핑을 다 먹어치우고 동그란 치즈 크러스트만 남겨졌을 때 기분이 좋다. 좋아하는 것들에 가까워지는 순간은 나를 설레게 만든다.

　붕어빵의 머리와 몸통 그 끝엔 당연히 꼬리가 있는 것처럼, 피자의 엔딩은 언제나 치즈 크러스트인 것처럼 내 하루의 끝에도 당연한 엔딩이 있다면 좋겠지만 나의 엔딩은 언제나 당연하지 않았다. 좋아하는 이들 앞에서 조금씩 뒷걸음치다가 결국 멈췄던 이유는, 새드엔딩은 싫었기 때문이다.

　처음 좋아하는 사람이 생겼을 때도 고백을 하기보다는 그저 한 번이라도 더 얼굴을 보는 것에 만족했다. 좋아하는 마음이면 충분하다고 생각했다. 그러다 내가 아닌 다른 누군가 그에게 용기를 내었을 때 그 용기가 결실을 맺었을 때 비로소 깨달았다.

　나는 좋아하는 마음만으로 만족할 수 있는 사람이 아니라는걸.

실은 가볍지 않은 내 마음이 두려웠는지도 모른다. 좋아하는 마음은 사람을 기쁘게 하다가도 얼마든지 슬프게 만들기도 하니까. 좋아하는 이의 말 한마디에 하늘을 날았다가도 어떤 날은 표정 하나에 하늘이 무너지는 것 같았다. 내 마음의 주인이 더는 내가 아닌 것처럼 이리저리 흔들렸다.

그래서인지 좋아하게 될수록 더욱 마음이 조심스러웠다. 사람뿐만 아니라 노래, 소설, 영화에도 마찬가지로 마음을 아꼈다. 좋아하는 노래를 들을 때면 한 곡 반복보다 플레이리스트 속에 숨겨두고서 돌고 돌아 그 노래가 재생될 때의 반가움과 묘한 설렘을 즐겼다. 좋아하는 영화는 두 번 이상 보지 않았다. 첫 감상의 느낌이 다르게 희석되는 것을 원하지 않기 때문이었다. 가슴 벅차던 인생 영화가 다음 감상 때는 시시하게 느껴질까 봐 다시 보고 싶은 마음을 꾹 참기도 했다.

좋아하는 소설의 엔딩은 언제나 나에겐 숙제 같았다. 이야기의 끝에 영영 닿지 않기를 바라는 마음과 기대한 엔딩이 아니면 어쩌나 하는 마음 때문에 결국 마지막 페이지를 넘기지 못한 채 책을 덮었다. 책장에 꽂혀 있는 끝까지 읽지 못한 책들의 엔딩을 머릿속으로 그려보다, 서로의 엔딩이 되지 못한 사람이 떠올랐다. 정말 좋아했지만 그래서 더 다가갈 수 없던 사람. 만약 그때의 내가 더 용기를 냈다면 우리는 어떤 엔딩이 될 수 있었을까.

끝까지 읽지 않은 책을 과연 읽었다고 할 수 있냐던 동생의 말처럼, 끝까지 가보지 못한 관계를 두고 사랑했다고 말할 수 있을까. 그렇게 사랑할 뻔했던 이들을 돌아보며 마음속 사랑의 책장이 텅 비었음을 느꼈다.

지금의 나는 가끔씩 좋아하는 노래를 한 곡 반복하며 듣곤 한다. 긴 플레이리스트 속에서 좋아하는 노래가 나오기를 기다릴 만큼의 참을성이 없어졌기 때문이다. 좋아하는 영화는 몇 번이나 돌려보며 여전히 나에게 특별한 영화라는 걸 실감하곤 한다. 때때로 순위에서 밀려나는 영화들도 있지만 괜찮다. 사람 마음이라는 게 언제나 그 자리에 멈춰있는 게 아니니까. 영화는 잘못이 없다. 좋아하는 소설일수록 속도를 내어 빠르게 끝을 알고 싶다. 소설 속 주인공이 어떤 엔딩을 마주하든 그를 응원할 용기가 생겼기 때문이다.

 해피엔딩이 아니더라도 회피엔딩이 되고 싶지는 않다. 이왕 좋아하기로 마음을 먹었다면 이제는 끝까지 가보고 싶다. 상처받기 싫어서 이도 저도 아닌 사이가 되느니 뜨겁게 사랑했던 사이가 되고 싶다.
 노래든, 영화든, 소설이든, 사람이든. 이제는 상처받을 용기로 뜨겁게 사랑할 수 있을 것만 같다.

불균형의 마음

익숙한 걸음으로 에스컬레이터에 올라섰다. 길게 늘어선 줄은 언제나 에스컬레이터의 오른편에 있다. 텅 빈 왼편에는 때때로 빠른 걸음으로 계단을 오르는 사람들이 있을 뿐이다. 마치 약속이라도 한 듯 모두가 오른편에만 서있는 까닭에 에스컬레이터는 오늘도 오른쪽 어깨에만 힘껏 힘을 준 채 버티고 있는 건 아닐까. 엉뚱한 상상을 하며 오늘도 미안한 마음으로 에스컬레이터의 오른쪽 어깨에 무게를 더했다.

 나 역시 기울어진 어깨를 가졌다. 왼손잡이인 탓인지는 몰라도 나의 모든 건 왼쪽에서 해결됐다. 왼손으로 하는 필기에 나의 무게중심은 언제나 왼쪽으로 쏠렸고 크로스백의 무게를 감당하는 건 오롯이 왼쪽 어깨의 몫이었다. 무심코 다리를 꼬는 방향까지 왼쪽이었다. 그 때문인지, 나의 몸은 조금씩 왼쪽으로 기울어지고 있었다. 몸의 균형을 되찾기 위해 노력하고 있지만, 정신을 차려보면 일을 하고 있는 건 언제나 나의 왼쪽이다.
 기울어진 방향에 마음이 쓰이다가도 어쩌면 나의 마음의 방향이 왼쪽을 향해 있는 게 아닐까 생각하며 나는 이 불균형을 받아드리고 사랑하기로 했다. 어쩌면 모두가 불균형의 마음으로 살아가고 있는지도 모른다.

제빵사에게서 고소한 빵 냄새가 나는 것처럼 버스 기사의 그을린 왼쪽 뺨처럼, 나에게서 나는 냄새와 마음이 기운 방향이 알고 싶다.

기울어진 것들에는 수많은 애정과 시간이 담겨 있다. 언제나 우리를 향해 기울어 있던 아빠의 모든 마음들이 그랬고, 엄마의 낡은 파자마 반바지가 그랬고 동생의 연필 자국이 그랬다.

기운 마음을 안고도 넘어지지 않고 씩씩하게 걸어올 수 있었던 건 다정한 마음과 진한 시간으로 함께 기울어진 이들이 곁에 있었기 때문일 거다. 기댈 수 있는 서로가 있었기에 우리는 마음껏 기울 수 있지 않았을까.

그런 생각이 하니 기울어진 왼쪽 어깨와 어딘가 삐뚠 내 얼굴이 사랑스러워 보이기 시작한다. 늘 거슬렸던 툭 튀어나온 잔머리도 그런대로 마음에 든다.

여름이면 나는

숏커트가 하고 싶어진다

매미가 맴맴 우는 여름이 시작되고 서늘했던 밤공기조차 진득해지는 진짜 여름이 시작될 때면 떠오르는 것이 있다. 어느 여름을 시작으로 그 후 매년 여름이면 떠오르는 추억들.

 '랄랄 랄랄라~' 이어폰 속 흘러나오는 OST를 들으며 아이스커피를 손에 쥐고 걸을 때면 더 깊어지는 그 추억들은 몽글몽글 떠오르다가 이내 나를 14년 전 사춘기 중학생 시절로 데려간다.

 때는 바야흐로 2007년, 이제 제법 교복이 익숙해진 열다섯. 북한도 무서워한다는 중2병이라지만 그 시절의 나는 수줍음이 많은 그야말로 샤이(shy)한 사춘기 소녀였다. 처음으로 좋아하는 남자아이도 생겼다. 여자아이들 사이에서는 쾌활하다가도 남자아이들이 우르르 몰려올 때면 다시 조용해지곤 했다.

 그러던 어느 날 나는 무슨 바람이 불었는지 친구네서 봤던 패션 잡지 속 숏커트의 모델처럼 별안간 머리를 짧게 자르고 싶어졌다. 하여 나는 우리 동네에서 샤기컷으로 유명했던 미용실에 자리를 잡고 앉았다. 싹둑싹둑 계속해서 떨어지는 머리카락과 거울 속 짧은 머리를 하고 있는 내 모습을 보며 다짐했다.

'그래! 새로운 나를 찾는 거야!'

그때만 해도 숏커트의 여학생이 별로 많지 않았고 나는 그 나름의 자부심이 있었다.

관심은 받고 싶지만 수줍음 가득했던 나는 짧은 머리로 처음 등교를 할 때 은근 긴장을 했었다. 다행히도 나의 첫 숏커트의 반응은 폭발적이었다. 평소에는 인사만 간단히 하던 남자아이들까지도 축구를 하자며 농담을 하기도 했으니까.

짧은 머리카락에 조금씩 애정이 생길 때쯤, 더 큰 애정을 느끼게 해줄 인생 드라마를 만나게 되는데.... 바로 2007년 등장해 선풍적인 인기를 끌었던 드라마 <커피프린스 1호점>이다. 오토바이에서 내려 헬멧을 벗자 드러나는 짧은 머리카락, 수수한 얼굴의 주인공을 보는 순간, 나는 반하지 않을 수 없었다.

밋밋한 티셔츠, 통 넓은 바지, 털털한 말투.

드라마 속 그녀는 내가 알던 그녀(배우 윤은혜)가 아니었다. 처음 보는 얼굴을 하고 있던 그녀는 매일 열심히 고군분투하며 살고 있었다. 긴 하루 끝에 자신이 좋아하는 사람의 집 근처를 몰래 서성이는 것만이 그녀를 위한 유일한 보상이었다. 그야말로 맑은 청춘의 모습이었다.

드라마가 끝나면 곧장 달려가 거울을 봤다. 짧은 숏커트 머리, 그녀와 닮은 거라곤 그거 하나였지만 어쩐지 가까워진 느낌이 들어 매주 월화마다 설레는 마음으로 TV 앞을 지켰다. 드라마가 인기를 얻자 내 짧은 머리가 고은찬을 따라 한 거 아니냐는 농담에 얼굴이 빨개지기도 했지만 '내가 먼저 자른 거야.' 속으로 대답하며 내심 기뻤다.

드라마 속에서 응원하고 싶은 인물을 발견한 일은 일상에 활력이 된다. 녹록지 않은 삶에 고군분투하면서도 언제나 최선을 다해 달려가는 그녀를 볼 때면 나도 함께 달리는 것처럼 숨이 벅찼다. 억울하게 아르바이트에서 잘리고 난 후에 그녀의 가치를 알아주는 동료들을 만나 우정과 사랑을 키워가는 그녀를 볼 때면 나도 모르게 마음이 벅차 눈물이 나기도 했다.

드라마가 끝난 후에는 헛헛한 마음을 안고서 침대

에 누워 생각하곤 했다.

 나도 어른이 된다면 그녀처럼 좋은 동료들을 만날 수 있을까?

 남자 주인공과의 로맨스도 있었지만 나의 마음이 더 머무는 쪽은 언제나 주인공의 성장이었다. 그 어딘가에 분명 나를 위한 '커피프린스 1호점'이 있지 않을까 기대하며 잠을 청하던 여름밤이 눈에 선하다.
 콩닥거리던 마음으로 잠을 청하던 여름밤과 교복 위로 짧은 머리칼에 땀이 맺히던 한낮의 여름은 여전히 내 마음속에 남아있다. 여름이면 더욱 생생히 살아나는 기억들이 있어 나는 매년 여름을 기다렸는지도 모른다.

 아무것도 하지 않아도 땀이 나는 여름. 그래서 나는 여름이 좋다. 부지런히 움직이는 사람만이 아니라 가만히 쉬고 있는 사람에게도 마치 열심을 다해 살고 있는 것 같은 착각을 주니까.

15살이었던 2007년에서 딱 그만큼의 시간이 흘러가버린 지금, 2021년의 여름. 나는 여전히 숏커트 머리를 한 채 여름을 나고 있다. 그땐 몰랐던 아메리카노의 맛을 알아버렸고, 아직 나만의 커피프린스 1호점에는 정착하지 못했지만 그럼에도 어딘가 있을 거란 기대는 여전하다.

짧은 머리카락, 밋밋한 티셔츠, 통 넓은 바지를 입은 내가 여기 이 여름 안에 있다.

가만히 흐르는 땀이 아닌, 열정을 다해 달리는 청춘의 맑은 땀을 내고 싶은 여름이다.

질풍노도 여름 속 평화

쨍하고 찐득한 여름은 언제나 푸르르다가도 버럭 소나기를 내놓고는 한다. 우산 없는 나를 홀딱 적셔놓고는 갑작스레 그쳐버리곤 다시 맴맴.

시치미를 뚝 떼는 여름 속에서 질풍노도의 시기를 보내며 나는 조금씩 성장하고 있다.

빈 가방으로 하는 여행

외출했다가 돌아오면 가장 먼저 가방 안의 내용물을 제자리로 정리한다. 파우더 팩트, 립스틱, 핸드폰 충전기, 보조 배터리, 작은 노트, 볼펜, 얇은 책, 초콜릿, 무선이어폰, 미니 선풍기, 똑딱이 카메라, 길에서 받은 전단지 등등. 가방 안은 언제나 갖가지의 물건들로 만석이다.

　가방을 정리하다 보면 한 번도 꺼내지 않은 물건들을 그대로 다시 집에서 마주하곤 하는데, 지하철에서 읽을까 싶어 챙겼지만 한 번도 펼치지 않은 책과 며칠째 가방 안만 왔다 갔다 하는 초콜릿과 노트 같은 것이 그렇다. 그럼에도 내일이면 또다시 가방 안에 담겨 밖을 나설 것들이다.

　어릴 때부터 내 가방은 유독 커다랗고 무거웠다. 열정으로 가득 차던 학창 시절에는 국영수 문제집 중 어느 하나도 포기할 수 없어서 잔뜩 넣어 다녔고 필기를 좋아하던 나의 필통에는 볼펜과 형광펜들이 색깔별로 사이좋게 한가득 담겨있었다. 학교 수업이 끝나면 책상 서랍 안에 문제집을 두고 올 만도 한데 집에 가서 공부할지도 모른다며 한짐 가득 담아 집으로 옮기던 나였다. 초중고를 졸업하고 대학에 입학하면 나도 핸드백 하나 가볍게 메고 다니는 쿨한 어른이 될 줄 알았는데 아니었다. 대학을 졸업하고도 나는 여전히 백팩 하나를 가득 채우고 나서야 밖을 나선다. 혹시나 하는 마음 때문이다. 혹시나 필요할지도 모른다며 챙기는 물건들에는 하루에 대한 어렴풋한 기대가 묻어있지만 아쉽게도 적중률은 낮다.

혹시나 필요할 수도 있지만 반대로 혹시나 필요하지 않을 수도 있다. 그러나 내 마음은 언제나 필요 쪽으로 기운다. 나에게는 필요하지 않을 수도 있지만 누군가에게는 필요하지 않을까 하고 챙기는 물건에는 옅은 애정도 함께 담겨있다. 지방 촬영을 갈 때면 건강즙을 하나 더 챙기고 가벼운 산책을 갈 때는 주머니에 사탕을 넣고 길을 나선다. 혹시나 귀여운 꼬마를 마주치게 된다면 뜻밖의 행복을 주고 싶어서. 결국엔 내 입속으로 들어간다 하더라도 혹시나 하는 마음만큼은 삼키지 않고 주머니 속에 넣어 가고 싶다.

햇살이 참 예쁜 따스한 계절이 시작되니 어쩐지 새

로운 마음이 피어난다. 나에게 방학이 주어진다면 한 번쯤은 빈 가방으로 여행을 떠나보고 싶다.

 늘 어깨 한가득 짐을 지고 걸었으니까 한 번쯤은 깜빡 잊은 물건 때문에 모르는 이에게도 말을 걸어보는 의외의 하루를 보내보고 싶다. 빈 가방 안에 새롭게 채워질 만남을 기대하며.

나의 열아홉

압구정역 3번 출구에서는 언제나 달짝지근 노릇노릇한 다코야끼 냄새가 났다. 트럭에 앉아 다코야끼를 요리조리 굴려가며 굽고 있는 아저씨를 곁눈질로 슬쩍 한번 보고는 주린 배를 감싸며 힘껏 달렸다.

인천에서 압구정에 있는 연기 입시학원으로 늦지 않게 가려면 오후 수업이 끝나자마자 급식차가 복도에 닿기도 전에 운동장으로 뛰쳐나가야 했다. 내 열아홉의 밤은 끼니를 잊은 채 매일을 달렸다. 그때는 꿈에 굶주려 배고픈 줄도 몰랐다. 저녁을 건너 뛰어도 배부른 날들이었다. 그토록 바라던 연기 입시를 준비할 수 있었으니까.

고3에게 가장 중요하다는 9월 모의고사를 앞두고 늦은 입시가 시작되었다. 나는 당시에 나의 1지망 대학교를 전문으로 하는 입시 학원을 다녔는데 학원비가 정말 비쌌다. 지금 생각해도 마찬가지지만 그때는 정말 큰돈이었다. 사실 그 무렵에 나는 반포기 상태였다. 배우가 되고는 싶지만 입시 학원에 다닐 여유는 없었기에 점점 더 뜨거워지는 마음을 애써 외면하며 속으로만 꾹 삼켰었다.

그러나 시간이 갈수록 숨겨둔 불덩이가 불쑥 올라오는 날들이 잦아지기 시작했고 결국 어느 날엔가 펑 하고 터져버렸다. 그렇게 꿈에 그리던 연기 입시가 시작되었다. 비싼 학원비를 반드시 대학 합격으로 보답하겠다는 다짐으로 나는 매일 운동장을 가로질러 달렸다.

 처음으로 학원에 갔던 날은 여전히 생생하다. 압구정역에 도착해 계단을 오르는데 입에 침이 바싹 말랐다. 교복을 입은 깡마른 몸은 심장이라도 튀어나올 것처럼 요동쳤다. 학원이 가까워질수록 나는 도망가고 싶어졌다. 그토록 원하던 순간이었는데 마음은 자꾸만 뒷걸음질을 쳤다.

> 대성당들의 시대가 찾아왔어 이제 세상은 새로운
> 천년을 맞지 하늘 끝에 닿고 싶은 인간은 유리와
> 돌 위에 그들의 역사를 쓰지

 가까워질수록 더욱 웅장하게 들려오던 <대성당들의 시대>(뮤지컬 노트르담 드 파리)가 그곳을 더욱 낯설게 했다. 그러나 더 이상은 도망칠 곳도 없다는 생각으로 학원의 유리 문을 밀었다. 신발장과 큰 거울로 둘러싸인 연습실이 보였다. 다홍색 트레이닝복을 입고 몸을 풀고 있는 입시생들의 시선을 한껏 받으며 나의 입시 생활이 시작되었다.

혼자 거울 앞에서 가족들 앞에서 까불며 웃다가도 별안간 눈물 연기를 하며 온갖 에너지를 발산하던 때와는 달리, 학원에서의 나의 존재감은 거의 무에 가까웠다. 일주일이 지나도 상황은 좀처럼 나아지질 않았다. 매일같이 가는 압구정은 여전히 멀게만 느껴졌다. 학원생들은 전부 예뻤다. 동갑내기 두 친구들은 이미 서로 친해 보였고 원장 선생님은 조금 날카롭게 느껴졌다. 무엇보다, 다홍색 단체 트레이닝복은 너무 비쌌다.

학원이 끝나면 나는 서둘러 달아났다. 이번에는 인천에 가는 막차를 놓치지 않기 위해 달렸다. 숨이 차도록 달리며 학원에서 멀어질 때면 꿈으로부터 멀어지는 느낌이 들었다. 학원에만 가면 모든 게 해결될 거라고 생각했는데 아니었다. 사실 어쩌면 나는 개구

리일지도 모른다는 생각이 들었다. 처음 우물 안을 튀어나온 개구리.

　개구리는 어떻게든 멀리 나아가야 한다. 매일 밤 9500번 버스에 작은 몸을 실으며 그런 생각을 했다. 버스 정류장에서 나를 기다리는 아빠의 차가 보일 때면 더 씩씩하게 걸으며 웃었다. 작은 칭찬은 더 크게 부풀렸고 힘들었던 마음은 꽁꽁 숨겼다. 어떤 마음으로 큰딸의 입시를 응원하고 있는지, 동갑내기 동생이 어떤 상황 속에서 혼자 공부하고 있는지 알고 있기에 나는 울 수 없었다.

　어느 날은 정말 힘들었다. 이유는 정확히 기억나지 않지만 아마 별것 아닌 일이었을 거다. 하지만 나에게만은 분명 서러웠을 일. 수업을 마치고 혼자 탈의실에서 옷을 갈아입는데 왈칵 눈물이 터졌다. 연기에 대한 고민 같은 건 없었다. 그저 내가 학원비를 낭비하고 있다는 생각에 눈물이 났다. 벌컥 문을 열고 들어온 언니에게는 뮤지컬 연습을 하고 있었다는 말도 안 되는 핑계를 대며 눈물을 훔쳤다.

　그러다 이대로는 정말 안 되겠다 싶어서 나는 변하

기 시작했다. 처음으로 춤을 배우는 수업에서 나는 몸을 던져 정말 말도 안 되는 춤을 추기 시작했다. 춤 선생님의 기에 눌리고 싶지 않았고 더 이상 아무런 존재감 없이 지낼 수 없어서 악으로 깡으로 춤을 췄다. 말도 안되는 춤이 효과가 있었는지 그때부터 선생님과 언니들이 나를 봐주기 시작했다. 먼저 다가와 농담을 걸어주며 조금씩 친근하게 대하기 시작했다.

그렇게 나도 그들과 함께 우리가 됐다. 우리는 함께 땀을 흘리며 저마다의 간절함으로 입시를 준비했다.

입시를 시작한 지 한 달도 채 지나지 않고 치른 학원 모의고사에서 1등을 했다. 내 이름 앞에 1등이라는 숫자가 찍힐 수도 있다는 걸 처음 알게 된 그날의 감격을 잊지 못한다. 그날을 시작으로 나는 더욱더 열심히 몰입했다. 여전히 학원 문 앞에만 서면 특유의 낯선 기운이 나를 감쌌지만 서둘러 떨쳐내려고 했다.

문을 열고 들어서는 그 순간부터 나는 서둘러 내 자리를 찾아갔다. 거울 앞에서 긴 대사와 지문을 외웠고 카메라 앞에 서서 다양한 연기 영상을 찍었다.

내게 돌아온 피드백을 기록하고 연기 일지를 쓰며 버스와 학교, 집, 어디서나 나는 내내 연기만 생각했다.

그 시절은 내 생애 가장 혹독했던 겨울인 동시에 가장 뜨거웠던 계절이었다. 가장 안쓰럽고 힘든 시간이었다고 생각했는데 돌이켜보면 그 시간들이 지금의 나를 살아가게 한다. 불안하고 위태로웠던 그 시절에 나는 나에게 약속했다. 절대 포기하지 않겠다고. 나는 분명히 할 수 있다고.

그때의 나에게 한 약속을 지키기 위해 나는 여전히 이 길 위에 있다. 눈을 감으면 여전히 9500번 버스 안에 서서 연습장을 넘기던 내가 보인다. 그래서 나는 여전히 나아갈 수 있다.

좋아하는 마음도

적립이 가능한가요?

어릴 때부터 나는 좋아하는 것이 꽤나 많았다. 매미가 찌르르하고 우는 여름을 좋아하고, 버스 창가에 앉아 노래를 들으며 풍경을 구경하기 좋아하고 제목이 긴 인디밴드의 노래를 좋아하고, 얼음이 가득 찬 투명한 유리잔을 좋아한다. 최근에는 식은 밥을 꾹꾹 눌러 태운 누룽지를 끓여 먹는 걸 좋아하게 됐다. 혼자 영화 보는 것도 좋아하는데, 화면 가득 클로즈 업된 배우의 얼굴을 좋아한다. 누군가를 그렇게 가까이서 본 적이 없기 때문인지 몰라도 화면 가득히 찬 얼굴에서 풍기는 낯선 매력이 참 좋다.

그 밖에도 가벼운 연두색, 침대에 누워서 일드 보기 등 내가 좋아하는 것들은 가득하다. 어떻게 그렇게 좋아하는 것들을 잘 이야기할 수 있냐고 묻는다면 그건 바로 좋아하는 마음을 보관하는 나의 <든든 적립 노트> 습관 덕분이다.

2년 전 좋아하는 웹툰을 보다가 <든든 적립 노트>를 처음 알게 되었다. 두둑한 적금 통장 하나 없지만 자신의 새로움을 발견하며 '든든 적립 노트'를 채워가는 주인공을 보며 나의 새로운 시도와 좋아하는 것들을 적어 내리기 시작했다.

  새롭게 시도한 것에는 첫 유럽 여행 촬영, 유튜브 브이로그 개설, 수상 레저 촬영처럼 큰 도전뿐만 아니라 빨간색 매니큐어 바르기, 고수 넣은 쌀국수 먹기처럼 일상의 소소한 도전들도 함께 기록한다.

  시도한 것들과 함께 그 당시 느낀 나의 감정도 기록하는데, 첫 순간의 짜릿함과 소소한 감동, 스스로에 대한 대견함도 오래 기억할 수 있어서 참 좋다.

  내가 가장 좋아하는 페이지는 <좋아하는 것 리스트>다. 좋아하는 것! 말 그대로 좋아하는 것들을 쭈욱 적어내리는 이 페이지는 스케줄로 가득한 다이어리 속 한 줄기의 빛처럼 마음의 휴식을 준다. 리스트에는 매년 변함없이 한자리를 차지하고 있는 것들뿐만 아니라 그 시즌에 반짝 내 마음을 훔친 몇 사람들과 드라마, 영화 그리고 나만이 아는 순간들이 적혀 있다.

  괜히 서럽고 막막한 날 또는 잔잔해서 무기력한 날에는 다이어리를 가져와 좋아하는 것 리스트를 펼쳐본다. 꾹꾹 눌러 담은 좋아하는 것들을 보며 오늘은 어떤 걸 꺼내 먹어볼까, 하나씩 눈으로 집어 보면 공허했던 마음은 어느새 좋아하는 것들로 가득 찬다.

   때때로 우리는 자신이 좋아하는 것보다는 남이 좋아하는 것들에 맞춰 살아가기도 한다. 그런 순간이 잦아질수록 정말 좋아하는 것들은 조금씩 흐릿해지고 잊혀진다. 그러나 정말 다행인 것은 좋아하는 마음도 적립이 가능하다는 것이다!
   오늘도 나는 페이지를 열어 나만의 마일리지를 쌓는다. 그러다 마일리지가 다 찼을 때는 새로운 페이지로 넘어가기 전에 나를 위한 선물을 하나 해주는 것도 좋다. 제목이 긴 인디밴드의 노래를 들으며 버스를 타고, 좋아하는 카페에 가서 얼음이 가득 찬 유리잔에 에이드를 마신다거나, 무엇이든 상관없다. 나의 적립 노트에 쌓은 좋아하는 것들이라면!

   좋아하는 것보단 잘하는 것이 중요하게 여기지는 세상이지만 사실은 우리가 소소하게 좋아하는 것들이 우리의 일상을 더욱 선명하게 만들어준다고, 나는 믿는다.

별이 뜨는 밤

어렸을 때 나는 마음이 답답할 때면 밖으로 나와 하늘을 올려다보곤 했다. 아파트 단지 안에 있던 벤치에 앉아 고개를 뒤로 젖히고 깜깜한 하늘을 바라보면 두 눈에는 오직 하늘로만 가득 차 내가 서있는 곳이 아파트 단지인지 바닷가인지 외국의 어느 공원인지 무엇이든 상상할 수 있었다. 아파트 벤치 위의 하늘은 파리의 밤하늘이 되기도 하고, 밤바다 위 펼쳐진 하늘이 되기도 했다.

아무것도 안 보이는 깜깜한 하늘을 계속 바라보다 보면 하나둘 반짝거리는 별들이 고개를 들기 시작한다. 시간이 지나면 어느새 별가루가 뿌려져 있는 것처럼 별들이 콕콕 박힌 밤하늘을 볼 수 있다.

내게는 까만 밤하늘의 풍경이 참 위안이 되었다. 아무것도 없는 것처럼 보여도 오래도록 바라봐 주면 하나 둘 빛을 내는 것들. 모르고 지나쳤다면 볼 수 없었을 것들을 더는 모른 채 지나치고 싶지 않아서 내 마음은 오래도록 그 벤치에 머물렀다.

어떤 날에는 내가 마치 밤하늘의 별들처럼 느껴지기도 했다. 아무것도 보이지 않는 깜깜한 어둠처럼 느꺼지지만 조금만 더 오래 나를 바라봐 주기를 바랐다.

'아직은 빛나지 않지만 조금만 더 오래도록 지켜봐 줘요. 거봐요, 나도 반짝 빛나죠?'

지금도 내 마음은 여전히 밤하늘을 향하고 있다. 어떤 날은 구름에 가려져 별이 보이지 않지만, 그럼에도 나는 안다. 저 구름 뒤엔 별이 있다는걸.

별은 언제나 반짝이고 있다.

무대가 시작되기 전에

나의 작은 취미는 아이돌 댄스 연습 영상 보기다. 커다란 거울로 둘러싸인 네모난 연습실 안에서 음악에 맞춰 리듬을 타 춤을 추는 그들의 모습을 보고 있으면 나도 모르게 심장이 두근두근 비트에 맞춰 뛰기 시작한다.

개개인을 클로즈업해서 담아내는 음악 방송보다는 그룹 전체의 움직임을 체크하기 위해 찍은 넓은 풀샷의 구도를 더 좋아한다. 정적인 구도가 조금 심심하긴 해도 그 누구도 소외되지 않고 모든 멤버들이 한눈에 들어와서 그들이 한 팀이라는 것이 조금 더 분명히 느껴진달까.

무대 위 화려한 의상이 아닌 개개인의 스타일이 느껴지는 편한 차림과 힘을 잔뜩 준 헤어스타일이 아닌 자연스럽게 흩날리는 머리카락이 영상의 몰입도를 더해준다. 노래의 클라이맥스에 다다를수록 연습실 바닥을 구르는 운동화의 스크래치 소리는 더욱 커진다. 카메라를 향해 짓는 상큼한 미소보다도 야구모자 속 그늘진 얼굴에서 보이는 진지한 얼굴들이 더 매력적으로 느껴진다.

영상이 끝날 때면 어느새 나는 그들의 팬이 되어있다. 연습 영상을 다 보고 나면 그제서야 그들의 음악 방송 무대를 본다. 연습 영상에서는 볼 수 없던 상큼한 표정과 매력적인 눈빛, 화려한 의상 그리고 아무리 춤을 춰도 흔들리지 않는 헤어스타일은 마치 한 폭의 그림처럼 완벽하다.

그럼에도 내 마음을 흔드는 건 연습실에서 춤을 추는 순진한 얼굴들이다. 흘러나오는 노래에 맞춰 한 치의 오차도 없이 각자의 파트를 소화해 내는 모습을 볼 때면 나는 덩달아 마음이 뜨거워진다. 얼마나 많은 노력과 마음을 쏟아냈을까. 어쩐지 그 마음을 알 것 같아서 이따금 신나는 노래에도 괜히 혼자 뭉클해지기도 한다.

무대와 카메라 앞에 서기까지의 시간은 결코 가볍지 않다는 걸 안다. 나 역시 작품 속 배역을 따내기 위해 수많은 시간을 보낸다. 프로필을 돌리고 오디션을 보고 미팅을 하고 최종 선택을 기다린다. 기다림 속에서 나는 홀로 연기 연습을 하기도 하고 영화를 보며 영감을 얻기도 한다. 그 시간 속에서 행복해졌다가도 슬퍼지기를 반복하지만 그럼에도 나는 촬영을 준비하는 시간이 참 좋다. 무대에 서기 전에 그들이 춤을 추며 서로의 동선을 맞추듯 촬영이 시작되기 전에 나는 나만의 무대와 이야기를 그려본다. 꾸미지 않은 민낯의 얼굴로 나의 작은 카메라 앞에서.

오피셜이 존재하기 위해선 수많은 비하인드가 존재한다. 무대가 있다면 반드시 무대 아래가 있는 것처럼 비하인드가 없는 오피셜은 존재하지 않는다. 나는 무대 위에 선 이들의 무대 아래 그늘진 얼굴이 궁금하다. 꾸미지 않은 모습으로 땀 흘리는 얼굴은 언제나 아름답다.

뒤돌아 걷기

나의 얄팍함을 내가 마주치는 순간이 있다. 다른 누구도 아닌 나에게 들켰을 때 나는 숨어버리고만 싶다. 그런 날은 수정테이프로 찍 그어 아무 날도 아닌 빈칸으로 지우고만 싶어진다. 이제는 아무도 뭐라고 하지 않아서 더 부끄러운 마음을 지는 날.

 껑충 건너뛰고싶지만, 그래도 용기를 내어 뒤돌아보며 걸어야지.

취미는 짝사랑

나의 첫 짝사랑은 열두 살 때였다. 같은 반 남자아이였는데, 장난기 넘치던 남자애들 사이에서 홀로 차분하고 매너가 좋아서 눈에 띄었다. 물론 나의 눈에만 띈 것은 아니라 나 말고도 그 아이를 좋아하는 여자아이들은 많았다.

그때는 사랑을 쟁취하겠다는 마음보다는 함께 좋아하는 것을 공유하며 수다를 떠는 것을 즐거워했던 시절이라 쉬는 시간이면 삼삼오오 모여서 그 남자애의 이야기를 나누었다. 그에게 줄 러브장을 사이좋게 함께 만들기도 했다. 연습장 위에 커다란 하트를 그려놓고 빨간 색연필로 색을 채우며 마음을 키워갔다.

언젠가 그 남자애의 집에 여자아이들과 함께 우르르 몰려가 팬미팅을 했던 적도 있었다. 신기했던 것은 아주머니께서는 처음 있는 일이 아니었던 것처럼 익숙한 모습으로 우리를 환영해 주셨다는 거다. 아주머니께서 주신 오렌지 주스를 마시며 동그랗게 앉아 그 남자애의 어릴 적 사진도 함께 구경하며 즐거운 시간을 보냈다. 그야말로 성공적인 팬미팅이었다.

그런데 이상하게도 그 이후로 더 이상 그애에게 마

음이 가지 않았다. 열심히 만들었던 러브장도 더 이상 진도가 나가지 않았다. 팬미팅 이후로 나와 마찬가지로 팬클럽을 이탈한 친구들이 있었지만 반대로 더욱 굳건해진 마음으로 자리를 지키던 친구들도 있었다.

팬클럽의 마지막 멤버들은 과연 완성된 러브장을 그 애에게 줬을까. 인기 많은 남자애를 짝사랑한 건 처음이자 마지막이었다.

두 번째 짝사랑은 중학교 때였는데, 지금 생각해보면 내가 그 애를 왜 좋아했는지는 잘 모르겠다. 차분하거나 매너가 좋은 편도 아니었다. 무엇보다 나는 그 애에 대해서 잘 알지 못했다. 그저 모범생 같은 얼굴에 그렇지 못한 태도였다는 것만은 기억이 난다.

잘 알지도 못하는 그 애에게 어떤 매력을 느꼈는지 모르겠지만 꽤 좋아했던 것 같다. 그때의 나는 소심하고 솔직하지 못한 편이었는데도 그 마음만큼은 티가 났는지, 그 애의 단짝 남자애는 툭하면 나를 건드렸다. 청소시간이면 슬쩍 옆에 와서 언제 고백할 거냐며 은근한 말투로 물어보곤 했는데 그게 참 거슬렸다. 그 때문만은 아니었지만 처음으로 한 번쯤은 내 마음을 고백해도 괜찮지 않을까, 생각했다.

  첫 고백의 순간은 아직도 생생하다. 내가 택한 방법은 버디버디였다. 이미 그 애도 나의 마음을 어느 정도는 알고 있었기에 농담하듯 이야기를 주고받은 적은 있었지만 제대로 이야기를 한 건 처음이었다. 좋아한다는 나의 버디버디 쪽지에 돌아온 대답은 "나도 너 좋아. 그럼 사귈래?"였고, 그 순간 나는 곧장 컴퓨터 코드를 뽑아버렸다. 꺼진 모니터에 비친 내 얼굴은 뒤통수를 한 대라도 맞은 것처럼 멍했다. 미친 듯이 뛰는 심장을 붙잡고 영어 과외를 받기 위해 원어민 선생님댁으로 향했다. 수업을 들으면서도 마음이 진정되지 않았다. 설렘으로 두근거리는 마음은 아니었다. 멀미가 날 듯이 속이 울렁거렸다.

  난생처음 고백을 하고 난 후의 나의 심정은 '큰일 났다'였다. 나는 그저 좋아하고 있다는 내 마음을 알려주고 싶었을 뿐이었지, 사귀고 싶은 건 아니었다.

  대혼란의 하루가 지나고 교실에서 그 애의 얼굴을 보는 순간, 더 이상 좋아하는 마음이 들지 않았다.

좋아하는 마음마저 멈추다니! 더 큰 큰일이 났음을 감지한 나는 서둘러 자리를 피했지만 그애가 농담을 하며 계속 말을 걸어오는 바람에 나는 얼떨결에 정색을 하고 말았다.

    결국, 짝사랑남에서 절교남이 되어 씁쓸한 마무리를 했다는 후문.

    내가 좋아하는 사람이 나를 좋아해 주는 일을 사람들은 기적이라고 하는데 어째서 나는 기쁘지 않았던 걸까. 시간이 지나서 생각해보니 그 시절의 나에게 짝사랑은 연애로 이어지기 위한 전 단계의 감정이 아닌 짝사랑 그 자체로 의미가 있었던 것 같다.

    다음 단계가 없는 짝사랑이 무슨 의미가 있냐고 할지도 모르겠지만 나에게는 누군가를 좋아할 수 있는 용기, 그 자체만으로도 벅찬 의미가 있었다.

    시간이 많이 흐른 지금, 짝사랑했던 남자들에 대한 기억은 흐릿하지만 그들을 좋아했던 내 감정은 여전히 생생히 남아있다. 누군가를 함께 좋아하며 추억을 쌓았던 시간과 처음으로 좋아하는 마음을 고백했던 날의 서툰 내 모습들이 있어, 나는 다시 누군가를 좋아할 용기를 낸다. 이제는 다음 단계로 나아갈 수 있게 더 큰 용기를 내어 사랑하고 싶다.

    취미는 짝사랑이지만 머지않아 짝을 만나 사랑을 하고 싶다.

소설을 읽다가

감명 깊게 읽은 한 소설에서 독자들에겐 빤히 보이는데 자신의 마음을 모르겠다는 한 주인공이 있다. 시간이 흐르고 그녀는 남자의 냄새 나는 양말을 깨끗이 빨아놓고 잠들 수도 있겠다며 자신의 마음을 서서히 알아가게 된다.

사랑하는 사람의 냄새 나는 양말을 깨끗이 빨아놓고 잠드는 일, 나에게도 그런 순간이 올까.

1시에서 6시

서둘러 텀블러에 얼음과 커피를 담고 운동화를 구겨 신은 채 달린다. 텀블러 속 얼음이 부딪치는 소리를 발걸음 삼아 지름길을 달리다 보면 정류장에 도착한다. 숨을 헐떡이며 3분 뒤 도착이라는 버스를 기다린다. 이제는 반가운 12번 버스. 언제나 창가 자리에 앉는다. 창밖으로 스치는 풍경에는 나무들이 무성하다. 버스는 5월의 중순 초여름 속으로 달려가는 중이다. 쨍하게 더웠다가도 별안간 비가 내려 쌀쌀하더니 오늘은 다시 강렬한 햇빛이 버스 창으로 쏟아지는 날씨다. 이런 날에는 정처 없는 버스 여행을 떠나고만 싶지만 12번 버스의 목적지는 정해져 있다.

컴활 학원에 다니기 시작한 건 2주 전부터다. 프리랜서 배우의 삶이란 일이 있다가도 없지만 코로나 탓인지는 몰라도 일이 없다가도 없기 시작하자, 미뤄두었던 작은 결단을 내릴 때가 됐다는 생각을 했다. 나와는 상관없는 줄로만 알았던 취업성공패키지를 시작하기로 마음먹은 것이다.

배우가 아닌 다른 직업을 생각해 본 적 없기에 상담을 통해 목표 설정을 하는 것부터 애를 먹었다.

배우 또는 영화감독이라는 선택지는 존재하지 않는 취업성공패키지 속 수많은 직업을 보며 이 세상에는 참 많은 직업이 있다는 것을 새롭게 알게 되었다. 어릴 때부터 오직 배우의 길만 생각했던 나에게 새로운 2지망의 직업을 찾는다는 건 생각보다 쉽지 않았다. 배우고 도전해 보고 싶은 일은 있지만 과연 그 일이 나의 제2의 직업이 될 수 있을까. 진지한 고민이 이어졌다. 지금은 2지망이지만 인생은 어떻게 흘러갈지 모르니까, 이왕이면 제대로 준비해 볼 생각이었다.

이런저런 상상과 현실 가능성을 생각하며 결심한 것은 직업상담사다. 여전히 어색하고 낯선 직업이지만 우선은 그렇다. 유튜브, 블로그를 찾아보니 직업상담사 자격증을 따기 위해서는 우선적으로 '컴퓨터활용능력 2급' 자격증이 필요했다.

그리하여 나는 5월 초부터 20일간 컴활 2급 반에 다니게 되었다. 누군가에게는 겨우 20일일지 몰라도 내게는 긴 시간이었다. 대학 졸업 이후 무언가를 배우는 것이 처음이었고 이토록 긴 프로젝트는 더욱 오랜만이었다. 촬영과 오디션을 위해 아르바이트는 언제나 단기만 해왔고 가장 길었던 촬영도 15회차였던 내가 20일간 오후 1~6시까지 꼼짝없이 컴퓨터 앞에 앉아있어야 한다니 생각지도 못한 전개였다. 하지만 새로운 시작을 할 수 있다는 것이 설레었다. 나만의 자리가 있다는 게 왠지 모르게 뭉클하기도 했다.

    내가 매일 앉는 곳의 왼편에는 커다란 창이 있다. 그게 자리를 선택한 이유였다. 비록 창밖으로 보이는 건 공사 현장이었지만 새로운 시티를 계획 중인 곳이라 그런지 답답하지 않다. 나는 수업을 듣다가도 특별한 것 없는 그곳을 멍하니 바라보게 된다. 허한 느낌마저 들 정도로 넓디넓은 공터. 어느 날에는 공사장 인부들이 나와 줄을 서서 누군가의 지시를 듣기도 하고 또 다른 날에는 멈춰있는 줄만 알았던 굴착기가 어느새 저만치 가 있기도 한다. 매일 같은 공간에서 작은 변화를 발견할 때면 왠지 모를 반가움에 시선은 더 오래 머물러, 가끔은 수업 진도를 놓치기도 한다.

    수업은 선생님의 설명과 스크린을 통해 시연되는 엑셀, 문서 작업을 따라해 보는 것으로 진행된다. 처음에는 너무 쉬워서 당황스러울 정도였지만 이럴 수가! 엑셀 함수 파트에서는 진땀을 빼기도 했다. 하지만 반복 학습 덕분인지 어느새 손에 익어 제법 재미를 느끼기 시작했다.

어느덧 한주가 지나고 새로운 한 주가 시작됐다. 여느 날처럼 같은 자리에서 창밖을 보다 집에서 가져온 아이스커피를 한 모금 마시는데, 문득 내가 이 생활에 적응하고 있다는 게 느껴졌다. 기분이 이상했다.

내가 지금 여기서 무얼 하고 있는 걸까.

수업을 열심히 듣다가도 불쑥 찾아오던 생각과 크게 다르지 않은 감정이었다. 스물아홉, 나의 5월을 컴퓨터 학원에서 보내게 될 줄은 몰랐다. 컴퓨터 앞이 아닌 카메라 앞에 있어야 하는데, 라며 때때로 의기소침해지기도 했다. 하지만 다시 이전처럼 촬영만을 위해 내 하루를 기다리는 시간으로 보내고 싶지는 않았다. 그런 마음으로 한 결심이니까. 다시 마음을 붙잡았다.

엑셀의 기다란 네모칸이 이제는 낯설지 않다. 알맞게 딱 떨어지는 숫자들을 입력하며 이전에는 받지 못했던 편안함을 느끼기도 한다. 정답이란 게 존재하지 않는 세계를 잠시 떠나 명확한 답이 존재하는 네모칸 안으로 들어온 느낌은 그래, 솔직히 나쁘지 않다. 어쩌면 지금의 나에게는 이런 완전함이 필요했는지도 모른다.

어느덧 수업은 일주일도 남지 않았다. 진도는 모두 뺐고 남은 시간은 기출문제를 연습하며 보내고 있다. 타닥 탓, 닥- 하던 소리가 어느새 타닥타닥 속도가 붙어 더 할 맛이 난다. 키보드 소리를 들으며 연습하다 보면 겨우 2시간이 지났을까 싶으면 어느새 마치는 시간이다. 나 오늘 진심이었구나, 스스로를 기분 좋게 토닥이며 학원 밖으로 나오는데 오전에는 흐렸던 날씨가 어느새 개어있다. 5월이 깊어질수록 걸쳐 입던 외투를 손에 쥐고 집으로 돌아가는 날이 늘어간다.

오후 1시에서 6시라는 시간에 대해 생각해 본다. 흐렸던 날씨가 맑아지기도 하고 더웠던 날씨가 쌀쌀해지기도 하는 시간. 부지런히 바뀌는 날씨와 시간 속에서 나는 컴퓨터 앞에 앉아 엑셀을 만들기도 하고 문서를 작성하기도 한다. 때때로 창문 밖 빈 공터를 보며 시간을 보내기도 하고.

나의 5월은 멈춰있다고 생각했는데 실은 매일 새롭게 변화무쌍한 감정과 컴퓨터 활용능력을 키워가고 있었다. 아무런 움직임도 없는 것처럼 보였던 빈 공터에서 발견한 작은 변화가 나에게 위로를 건네던 5월이 정말로 가버리고 나면, 나는 아마 그리워하게 될 것 같다.

타닥타닥 키보드 소리와 함께 정직하게 채워지던 오후 1시에서 6시의 시간을.

산책

여전히 봄이라고는 느껴지지 않는 날씨에 산책로를 걸었다. 유난히 앙상한 나뭇가지를 보며 죽은 가지가 아닐까 생각하던 순간, 작고 동그랗게 붙어있는 노란색 꽃봉오리를 발견했다. 메마른 가지에 꽃이 피고 나서야 개나리였구나 처음 깨닫는다.

죽은 가지가 아니라 추운 계절을 견딘 것이라는 걸 3월의 끄트머리에서 깨닫는다.

안부

하루를 꽁꽁 싸매 집에 붙들어 놓았던 집순이의 하루도, 좋은 핑계로 나가 걸었던 오후의 산책도, 전날부터 긴장하며 준비했던 촬영도 모두 나의 앨범 속에 단정히 들어가 있다. 꽤 힘든 시기를 지나왔다고 생각했는데 돌아보니 잘 지내고 있었다는 생각에 조금 부끄러웠다.

나를 걱정하듯 찾아오는 물음들에 그저 마침표를 찍으며 답했지만, 이제는 '잘 지내지.'라는 말에 마침표를 떼어내고 물음표를 건네 보낸다.

- 잘 지내지?

라디오가

듣고 싶은 날

어릴 적부터 라디오 듣는 걸 참 좋아했다. 사춘기 시절에는 방에 한번 들어가면 잘 나오질 않았다. 라디오와 함께라면 심심할 틈이 없었다. 요즘은 앱이나 유튜브를 통해 듣지만 그 시절에는 주파수를 맞춰가며 라디오를 들었다.

다양한 사람들이 나와 재밌는 이야기를 나누고 때때로 고민 상담도 해주는 라디오는 그야말로 내게는 친구 같은 존재였다.

라디오를 늘 곁에 둘 수 있었던 가장 큰 이유는 아마도 다른 일을 하면서 들을 수 있다는 것이 아닐까. 빨래도 개면서도 일기도 쓰면서도 청소를 하면서도 얼마든지 함께할 수 있다는 것. 그렇다 보니 귀 기울여 듣지 않고 그저 틀어두기만 하는 날도 많았지만 가만히 흘러나오는 라디오 소리만으로도 외롭지 않을 수 있었다.

방 안에 혼자 있어도 DJ와 게스트들이 서로 이야기 나누는 걸 듣고 있으면 마치 함께 이야기하는 듯한 기분이 들기도 했다. 녹음 방송보다 생방송 라디오를 더 좋아했던 이유도 마찬가지였다. 같은 시간에 함께하고 있다는 느낌. 생방송이 아닌 녹음은 왠지 생동감이 떨어지는 느낌이랄까.

<영스트리트>부터 <텐텐클럽>, <심심타파>까지 오후 8시부터 심야까지 긴 시간을 라디오와 함께하며 사춘기를 보냈다. 그러다 시간이 흐르고 매일 같이 찾아듣던 DJ들의 친숙한 목소리가 점점 낯선 목소리로 바뀌어가면서 자연스럽게 라디오와 서먹해지기 시작했다. 대학에 입학하고 나서는 라디오 속 익명의 사연들보다도 나를 둘러싼 새로운 세상에 적응하기에 바빴다. 그러다가도 문득 그리워질 때면 밤늦도록 라디오를 켜두고 잠에 들기도 했다.

누구라도 곁에서 계속 이야기해 주었으면 하고 바랄 때가 그랬다. 깊은 밤에도 잠들지 못할 때마다 이 순간에 깨어있는 게 나 혼자가 아니라는 것에 위안 삼아 새벽을 지새우곤 했다.

사춘기와 대학시절을 지나고 지금까지 나는 여전히 라디오를 듣는다. 예전만큼 자주 듣지는 못하지만 여전히 라디오를 들을 때면 사춘기 시절 작은 방안

늘 같은 자리에 놓여있던 회색 라디오가 떠오른다.

잠 못 들던 여름방학, 이른 새벽의 푸른빛이 스며든 방 안에서 잔잔히 흘러나오던 올드 팝송 채널과 어느새 햇살이 내려앉아 방이 환해지면 그제서야 졸음이 쏟아졌던 아침. 아빠의 알람이 울리고 단번에 일어나 출근을 준비하는 소리를 듣고도 모른 척 눈을 감았던 철없던 시절의 나.

그 모든 것들이 한꺼번에 몰려올 때면 나는 라디오가 듣고 싶어진다.

나는 여전히

내가 궁금하다

오케이 컷! 소리와 함께 흐르던 눈물을 닦고 집으로 돌아오는 택시 안, 눈앞에 펼쳐진 한강의 야경을 보니 다시 눈물이 또로록 흘렀다. 가방 속에 넣어둔 카메라를 꺼내 창 너머로 반짝이는 한강을 담는다. 영화가 끝나면 내 작은 카메라 속 나만의 이야기가 시작된다.

유튜브를 시작한 건 2018년 여름이었다. 처음에는 오디션용 포트폴리오 연기 영상과 출연작을 유튜브에 비공개로만 게시하다가 차츰 내 일상을 기록해 보자고 마음을 먹었다. 배우로서 카메라 안에서 다양한 삶을 연기하고 있지만 그 안의 모습은 진짜 내가 아니기에 나는 늘 내가 궁금했다. 어떤 것을 좋아하고 어느 순간에 행복해하는지 알고 싶어서 카메라를 켜기 시작했다.

어디서나 카메라와 함께한다. 가벼운 산책, 여행, 촬영지, 집에서조차 카메라를 켜는 일이 잦아졌다. 나의 걸음이 닿는 곳과 나의 시선이 향하는 곳을 카메라에 차근히 담아내는 시간이 참 좋다. 나뭇잎 사이로 빛이 반짝이는 순간을 잊지 않고 카메라에 담는다. 우연히 발견한 작은 꽃들, 주황빛으로 물든 노을, 좋아하는 카페에서 보내는 시간, 좋아하는 배우의 작품을 보며 한껏 들뜬 모습 등 다양한 장면들을 카메라 안에 차곡차곡 담는다. 소소하고 평범한 찰나의 순간들이 모여 나의 이야기가 되고 영화가 된다.

나를 기록하면서 가장 즐거운 시간은 촬영했던 영상을 보는 시간이다. 바로 어제의 모습도 카메라 안에서는 새롭다. 차분히 차를 마시며 사색을 즐기다가도 좋아하는 이야기에 흥분하며 목청을 높이는 나, 파자마 차림을 한 채 진지한 얼굴로 대본을 읽고 있는 나. 진심을 다하기 위해 애쓰는 촬영장에서의 내 모습들이 보인다. 기록하지 않았다면 결코 만날 수 없었을 내 모습들에서 나는 낯선 반가움을 느낀다.

반가움은 때때로 새로운 발견으로 이어진다. 알지 못했던 나의 습관들, 취향과 애정의 방향을 깨닫게 해준다. 예를 들면, 나는 책상에 앉아서 대본을 보는 것보다 침대에 엎드려 읽는 걸 좋아한다는 사실과 무언가에 집중할 때면 나도 모르게 입이 삐죽 튀어나온다는 것. 의외로 낮의 풍경보다 밤의 그림자를 좋아한다는 사실을 새롭게 알게 되었다.

나를 알게 될수록 나는 더 내가 궁금해진다. 고아라라는 사람이 정말 행복한 순간은 언제인지, 서글플 때면 어떤 마음으로 눈물을 삼키는지. 모든 걸 쏟아부었던 촬영이 끝나고 집으로 돌아가는 길은 왜 그렇게도 길었는지 알고 싶어서 오늘도 나는 나의 작은 카메라와 함께 새로운 여정을 떠난다.

내가 나를 궁금해하는 일이 더 나은 나를 만들 수 있다고 믿는다. 수많은 내가 모여 지금의 내가 여기에 있는 것처럼.

여름이 가고

가을이 올 때면

슬쩍 기어가 발가락으로 선풍기를 끈다. 까슬까슬한 여름 이불을 몸 위로 들쳐 발로 한번 높게 차면 스르르 천천히 내려와 나를 감싼다. 선풍기의 미풍이 약풍이 되고 강풍이 되던 여름이 지나가고 이제는 슬슬 선풍기가 걸리적거리기 시작하는 환절기가 시작된 것이다. 눅눅하던 여름밤의 공기 사이로 서늘한 기운이 도는 밤이 오면 그 다음날 아침은 어김없이 퉁퉁 부은 내 얼굴과 재회한다.

어서 와, 오랜만이야.

눈두덩이 간질간질, 충혈된 눈과 빵빵해진 얼굴과 내 의도와는 상관없이 흐르는 콧물. 올해도 어김없이 비염이다. 매년 환절기 때마다 비염으로 고생을 한다. 언젠가 방문한 이비인후과에서 '꽃가루 알레르기'라는 말을 얼핏 들은 것 같기도 하다. 그 탓에 나는 환절기가 올 때면, 새로이 다가올 계절에 반가움보다도 먼저 두려움이 앞섰다. 특히 좋아하는 여름이 끝나갈 때쯤이면 언제나 마음이 뒤숭숭하다. 여름의 찐득한 냄새가 어느새 서늘하고 건조한 가을바람이 되어 내

콧속으로 들어올 때면 닥쳐올 비염의 진한 기운에 마음마저 서늘해진다. 잠들기 전 침대에 누워 연신 흐르는 맑은 콧물을 휴지로 훔치며 생각했다.

  왜 나만 이렇게 유난인 걸까.

  새롭게 다가오는 계절을 자연스럽고 쿨한 모습으로 맞이하고 싶은데 마음처럼 되지 않는다. 눈은 가렵고, 코가 근질근질. 에취! 갑 티슈 한 통이 뚝딱이다. 몸이 아프거나 불편할 때면 괜한 청개구리 심보가 발동한다. 한번 버텨보자는 마음 반, 귀찮다는 마음 반으로 좀처럼 병원을 가지 않는다. 그러나 이번에는 중요한 일정을 앞두고 있으니 책임감을 갖고 이비인후과로 향했다.

  집 앞 상가에 위치한 오래된 병원의 문을 열자 어르신들로 북적거렸다. 코로나 백신을 접종하기 위해 대기하고 있는 어르신들 사이를 비집고 들어가 앉았다. 접수를 하고 보니 초등학생 때 방문했던 기록이 남아 있는 오래된 병원이었다. 새삼스레 주변을 둘러보며 추억에 젖을 때쯤 내 이름이 불렸다. 의사 선생님 앞에 앉아 능숙하게 비염 진료와 가벼운 치료를 받고 돌아왔다.

처방받은 약을 챙겨 먹고 일찍 침대에 누웠다. 약에 있던 수면제 덕인지 약을 먹은 3일 동안 일찍 잠자리에 들었다. 평소에는 늦은 시간에도 활기찼지만 약을 먹은 후에는 온몸에 기운이 빠져나가는 기분이 들면서 몽롱해졌다. 오랜만에 긴 잠을 자고 일어나니 더 이상 눈이 가렵지 않았고 콧물도 흐르지 않았다. 콧물은커녕 오히려 콧속이 건조했다. 뭐랄까, 중간이 없는 느낌이었다. 역시 비염엔 약이 직방이구나 싶었는데 약이 떨어지자 다시 콧물이 스멀스멀 나올랑 말랑 하고 눈이 가렵기 시작한다.

다시 병원에 가볼까 하다가도 어쩐지 꺼려지는 마음이 들었다. 약을 먹고 일찍 잠에 들고 콧물이 멈추고 얼굴이 가렵지 않은 건 다행이지만, 어쩐지 부자연스럽게 느껴졌다. 몸이 치유되는 느낌보다는 증상을 일시적으로 멈춰주는 느낌이랄까.

병원으로 가는 대신 청소기를 조금 더 부지런히 돌리고 손을 더 자주 씻고 비타민을 더 잘 챙겨 먹기로 했다. 물론 그마저도 귀찮아져서 다시 비염에 항복할 수도 있겠지만 노력해보기로 했다.

  며칠 전 집으로 돌아오는 길에 바닥에 떨어진 매미를 봤다. 그러고 보니 매미 울음소리도 어느새 잦아들고 있다. 여름 내내 수줍게 피어있던 능소화도 이제는 마지막 인사를 준비하고 있다. 뜨겁게 울어대던 여름이 지나고 잔잔한 가을이 오기까지 모두가 무던히 노력하고 있다는 걸 새삼스레 느낀다.
  한 계절이 가고 새로운 계절이 오기까지 모두가 이토록 애쓰고 있다. 결코 당연하지 않은 이 환절기를 어떻게 당연하듯 자연스럽게 받아들일 수 있을까.

  여름이 지나가면 단짝이었던 선풍기는 애물단지가 되고 다리 사이에 끼고 잠들었던 얇은 이불이 간절해지는 초가을이 시작된다. 미루고 미루다 베란다 구석에 집어넣었던 선풍기는 다시 계절이 한 바퀴를 돌아올 때면 다시 조심스럽게 꺼내질 것이다. 쌓인 먼지를 잘 닦아내고는 다시 미풍부터.

3월은 10월과 닮았다

봄과 늦가을은 닮았다.
열두달을 절반으로 접으면 맞닿을 계절!

언제나 그랬듯이

촬영을 위해 새로 산 빳빳한 흰색 티셔츠는 옷걸이에 걸어놓는다. 노란색 가디건, 연청바지, 혹시 모르니 챙기는 담요까지 잘 접어 넣고 캐리어를 닫는다. 새벽 5시 첫차를 타기 위해선 서둘러 잠을 청해야 하지만, 머릿속은 여전히 캐리어 안을 헤맨다. 빠짐없이 잘 챙겼겠지? 그렇게 몇 번이고 시뮬레이션을 돌리고 나서야 내일의 얼굴 상태를 걱정하며 잠에 든다.

겨우 두 시간쯤 지나고 알람이 울리면 재빨리 일어나 세수를 하고 머리를 감는다. 퉁퉁 부은 얼굴에 꾸역꾸역 화장을 올려놓는다. 평소보다 더 열심히 눈 밑에 컨실러를 쌓으며 오늘 하루도 잘해보자며 마음으로 외치는 파이팅!

그르릉, 고요한 새벽 공기를 가르며 캐리어를 끌고 나간다. 조금 시끄럽지만 언제나 나의 지방 촬영에 함께 하는 낡은 아빠의 캐리어. 지방 촬영을 갈 때마다 새 캐리어를 사야겠다고 마음먹으면서도 집에 돌아오면 까맣게 잊어버리곤 한다. 하지만 이번에는 정말 바퀴가 부드러운 캐리어로 새로 사야지. 다시 마음을 먹는다.

먼 곳으로 촬영 가는 날이면 첫차나 막차를 타게 되는 경우가 있는데 나는 막차보다는 첫차를 선호하는 편이다. 퇴근길 지친 사람들의 얼굴 사이로 얼큰한 취기가 느껴지는 막차는 왠지 모르게 가라앉는 기분이 든다. 반면에 첫차에서는 이른 시간에도 부지런히 어디론가 나아가는 사람들을 보며 나 또한 그들 틈에서 함께 나아간다는 생각에 더 기운을 내게 된다.

도와주는 이 없이 혼자 촬영지에 간다는 건 촬영을 하기도 전에 여러 감정을 마주하게 되는 일이다. 촬영지로 향하는 차 안에서도 의상을 구입하러 가는 옷가게 안에서도, 그리고 마침내 도착한 촬영지에서도 나는 매번 비슷하면서도 낯선 감정들을 마주한다.

갓 스무 살이 되어 처음 현장에 뛰어들었을 땐 사사로운 감정 하나에 마음이 쏠리고 흔들렸다. 오디션을 보고 리딩을 하고 의상을 준비하고, 준비한 의상을 다시 체크 받는 긴 과정이 쉽지 않았다. 작은 몸으로 짐을 바리바리 싸고 직접 촬영지로 가야 하는 상황도 버거웠다. 눈이 쌓인 어느 겨울날, 몸집만 한 캐리어를 끌고 가다 왠지 모를 서러움에 눈물이 터진 날도 있었다.

그리고 9년이 흘렀다. 여전히 이렇게 홀로 연기를 하게 될 줄은 몰랐다. 스무 살 초반엔 지금은 이렇게 고생하지만, 20대 후반쯤에는 그땐 그랬다며 웃으며 인터뷰할 날이 오지 않을까 하는 생각을 했다. 지하철이 아닌 벤을 타고 의상 고민을 대신해 주는 스타일리스트와 싫은 소리를 대신해 주는 매니저가 함께하는 연기 생활을 기대했다.

하지만 나는 여전히 혼자 캐리어를 끌고 피로한 몸으로 지하철에 자리가 나기를 바란다. 그럼에도 여전히 연기를 하고 있다. 늦은 밤까지 짐을 챙기고 이른 새벽에 일어나 머리를 감고 찬 공기 속으로 걸음을 옮기면서도, 언제나 내 마음은 연기를 향하고 있었다.

더 이상 반짝거리는 상상이 나를 따라오지 않아도 나는 계속해서 걷고 있다. 어쩌면 나는 영영 뚜벅이일지도 모른다. 어린 날의 나에게 근사한 미래를 선물해 줄 수 없을지도 모른다는 생각에 마음이 저릿해지기도 한다. 그러나 어린 날의 나와의 약속을 지키기 위해서 나는 다름 아닌 진심으로 연기하고 싶다.

혼자여도, 혼자가 아닌 마음으로 나아가다 보면 좋은 어른이 되어있지 않을까.

이제는 어떤 배우보다도 어떤 사람이 될 수 있을까 생각하며 첫차에 앉아 눈을 감는다. 환승까지 9개의 정거장이 남았다. 그때까지 답을 찾을 순 없겠지만 잠시 쉼을 찾자.

오늘도 나는 혼자가 아니니까 할 수 있다. 기도하는 마음으로 향하는 촬영장. 빠르지도 느리지도 않은 속도로 지하철은 앞으로 나아간다. 언제나 그랬듯이.

나의 무게

여전하다는 건 고여있는 것이 아니라 단단하게 자리 잡혀 있는 것.

붕어빵과 여름 과일

붕어빵, 목도리, 손난로.

신기하게도 추운 겨울하면 떠오르는 것들은 온통 따뜻한 것들이다. 분명 겨울은 추워서 싫은데 팥이 가득 든 따끈한 붕어빵이 좋고, 목도리를 칭칭 감고 추운 공기 속을 견디는 느낌은 좋아서 겨울이 그런 대로 기다려진다. 여름은 더워서 싫지만 여름 과일은 좋다던 친구의 말처럼, 우리는 싫어하는 것들 속에서도 좋아하는 것을 발견하며 살아가는지도 모른다.

친구가 싫다던 여름의 뜨거움 덕에 과일은 달게 익어 갈 수 있다. 팥이 가득 든 따끈한 붕어빵은 내가 좋아하는 여름보다는 추운 겨울에 먹어야 제 맛인 것처럼 내가 싫어했던 이유가 언젠가 좋아하는 이유가 되어 돌아올 수 있지 않을까.

노란 장화

노란 장화, 예쁜 우산, 향긋한 섬유 유연제 냄새, 곱게 잘 빗어넘긴 머리카락과 브랜드 운동화.

어린 시절 나의 선망의 대상이자 부유의 기준이었다. 지금 돌이켜 보면 귀여운 생각일지 몰라도 그 시절의 나는 갖지 못한 것들이었다. 자식을 향한 사랑은 그 누구보다도 끔찍했던 부모님 아래에서 자랐지만, 그 사랑을 지키기 위해 열심히 일터로 나가셨던 부모님 덕에 조금 일찍 나는 철이 들었다.
언제나 가장 갖고 싶은 것보다는 손 닿을 만한 차선의 것을 택했고 그걸로 만족하는 법을 배웠다.

그 시절에 다녔던 동네 피아노 학원에는 옷과 운동화가 전부 FILA(브랜드)였던 자매가 있었다. 언제나 참빗으로 곱게 빗어 넘기고 헤어 젤로 한번 코팅을 한 듯 한치 흔들림 없는 그들의 머리를 보며 감탄했던 기억이 난다. 매일 새로운 옷을 입고 오지만 언제나 FILA 로고만큼은 변함없이 박혀있는 자매의 차림을 보며 혹시 아버지가 FILA에서 일하시는 걸까 하는 생각마저도 들었다. 부러움보다는 호기심이었다.

빤빤한 올백머리와 로고가 박힌 브랜드 옷보다는 아빠가 사주신 멜빵바지와 엄마가 아침마다 땋아주신 양갈래 머리가 내겐 더 잘어울리는 것 같았다. 부모님의 애정어린 손길이 담긴 것들을 두고 다른 것을 부러워하지 않기로 했다.

그럼에도 쉽게 포기가 되지 않는 것이 하나 있었다. 바로 노란 장화였다. 비가 오는 날이면 물웅덩이를 피해 조심조심 걸었지만 학교에 도착할 때면 운동화는 다 젖어 있었다. 교실로 향하던 복도 신발장에 가지런히 놓여있던 누군가의 노란 장화를 보며 처음으로 젖어있는 양말이 부끄럽다는 생각을 했다.

시간이 한참 지나 훌쩍 커버린 지금도 비가 내리는 날에 양말이 젖을 때면 그때의 기억이 향수처럼 떠오른다. 비에 젖은 교실 마룻바닥 냄새와 차가운 발의 감촉이 느껴져 발가락이 움찔거리지만 더는 슬프거나 춥지 않다. 그저 그때의 나를 만날 수 있다면 젖은 양말을 벗겨내고 새 양말을 신겨주고 싶다.

그러고는 꼭 안아주고 싶다.

그때는 그래야만 했던 시간이었다고, 잘 자라주어 고맙다고.

곰돌이와 냉장고

아침에 일어나 사과를 꺼내 먹기 위해 베란다로 나갔다. 떡하니 놓여있는 양문형 냉장고를 보니 괜히 마음이 으쓱해진다. 아주 약간의 흠집이 있는 것 빼고는 거의 새것이었다. 누군지 모를 전 주인은 더 좋은 냉장고를 들였겠지만 우리에겐 더할 나위 없이 완벽하고 반가운 냉장고였다.

어제저녁 갑작스러운 친구의 연락으로 드디어 15년을 함께한 냉장고와 이별했다. 내 인생 절반의 끼니를 책임진 냉장고에게는 '드디어'라는 단어가 조금 서운하게 들릴지도 모르겠지만, 긴 시간을 함께한 만큼 조금씩 골골대기 시작하던 냉장고가 내심 불안했었다. 새로 사야 할까 생각해 봤지만 예상치 못한 가격을 보고 나서는 그저 조금만 더 버텨주길 바랐다. 그러니 이제는 아쉬움보다는 후련함으로 긴 시간 애써준 냉장고를 보내줄 수 있었다.

냉장고를 교체하기 위해 치웠던 베란다의 짐을 다시 제자리로 옮기다가 오랜 시간 구석자리로 밀려나 있던 커다란 곰돌이 인형과 눈이 마주쳤다. 복슬복슬한 털, 동그랗고 귀여운 이목구비와 달리 118cm의 산

만한 덩치를 자랑하는 곰돌이는 언제나 빨간색 니트를 입고 있었다.

처음 곰돌이를 만난 건, 4년 전쯤이다. 이전과 달리 캐리어가 하나 더 늘어서 한국으로 들어오신 아빠가 보여줄 게 있다며 동생과 나를 불렀다. 캐리어를 열자 잔뜩 구겨진 곰돌이가 눈에 들어왔다.

귀엽잖아!
곰돌이도 귀여웠지만, 스무 살을 훌쩍 넘긴 두 딸들을 위한 서프라이즈로 중국에서부터 캐리어에 꾹 눌러 담아왔을 아빠의 사랑이 참 귀여웠다.

고마운 기억은 여전하지만 시간이 지나자 곰돌이 머리 위엔 먼지가 쌓이기 시작했다. 방 한구석에 앉아 있던 곰돌이 위로 어느 날부터인가 수건이 덮여지고 외투가 던져지더니, 이사 후에는 베란다 신세가 되었다. 헤아려보니 곰돌이는 11개월을 바지도 없이 니트 하나로 베란다에서 지냈다.

무심했던 시간에 뒤늦은 미안함이 찾아왔다. 이제 더는 저 순진한 눈동자를 외면할 수 없어서 당근 어플을 켰다. 2개월 전 새로운 주인을 찾는다며 올려두었던 곰돌이 글을 다시 끌어올렸다. 생각과 달리 반응이 없어서 의아했는데 노출이 적은 탓이었는지 끌올을 하자마자 바로 연락이 왔다.

"곰돌이가 너무 예뻐서요. 주시면 잘 키워볼게요."

 마음이 놓이는 멘트에 이 사람이다 싶었다. 곰돌이를 만나면 샤워를 먼저 시켜줄 것을 당부하고 얼마 후에 집 앞에서 만나기로 했다. 막상 떠나보내려고 하니 곰돌이가 오늘따라 유난히 예뻐 보였다. 괜히 한번 복슬한 머리를 쓰다듬어주었다. 딱 한 장 남아있던 폴라로이드 필름은 곰돌이와의 마지막 사진을 남기기 위해 썼다.
 떠나보내기 전 마지막으로 아빠와 통화했다. 처음 곰돌이를 선물해 준 아빠에게는 왠지 말해야 할 것 같았다. 비행기를 타고 온 건데-라며 내심 서운한 기색을 보이다가도 너희 것이니 마음대로 하라며 아빠다운 쿨한 마무리를 했다. 아빠한테 허락도 받았겠다, 이제 진짜 곰돌이와의 이별 준비가 끝났다.

시간 맞춰 도착한다던 곰돌이의 새로운 주인은 20분 정도 늦을 것 같단 연락을 했다. 괜한 마음에 소파에 앉아있는 곰돌이를 찬찬히 살펴본다. 먼지가 묻진 않았는지 털어내면서 괜히 긴장이 됐다.

꼭 예쁨 받아야 해.

시간이 다 되어 곰돌이를 번쩍 안아드는데 생각보다 무거웠다. 엘리베이터 거울을 보며 연인에게 갓 선물을 받은 듯한 표정을 지어볼까 하다 말았다. 대신 핸드폰을 켰다. 마지막의 순간에 카메라를 켜는 건 내 오랜 습관이다. 다신 없을 순간이라고 생각하며 찍는 사진은 찍을 때는 간절해도, 결국 시간이 지나면 앨범 저 끝 어딘가에 올라가 잊혀질 거란 걸 안다. 그럼에도 나는 앨범 어딘가 깊숙이 숨겨져 함부로 삭제할 수 없을 마지막을 담았다.

좋은 차를 타고 내린 새 주인에게 곰돌이를 넘기며 기분이 묘했다. 잘 키우겠다며 건네받은 아주머니는 샤워부터 시키고 건조기에 넣어야겠다고 하며 웃으셨다. 건조기 안에 들어가 있을 곰돌이를 생각하니 조금 마음이 놓였다.

곰돌이를 보내고 아주머니께서 주신 비요뜨를 손에 쥐고 집으로 돌아왔다. 방문에 붙여놓은 폴라로이드 속 곰돌이와 내 모습을 보니 괜히 혼자 울적해졌다. 하지만 괜찮다! 이 마음도 얼마 가지 않아 잊혀질 거란 걸 알기에 비요뜨를 뜯어 초코링을 쏟아붓는다. 입안에 달콤한 초코맛이 가득 찬다. 역시나 괜찮다.

베란다에 나가 아직은 낯선 냉장고를 바라본다. 냉장고 위 조그마한 흠집 사이로 반짝 빛이 난다. 나는 그 상처가 마음에 든다. 누군가의 흔적이 남겨진 냉장고가 반짝 빛을 내며 우리에게 왔듯이, 나의 커다랗고 귀여운 곰돌이가 이젠 누군가의 집에 한자리를 차지하고 사랑을 받을 거라 믿는다.

상영 예정작

가끔씩 내가 주인공이 아닌 단역처럼 느껴질 때가 있다. 이번에 본 오디션이 그랬다. 분명 주인공 배역 오디션이었는데 끝나고 나니 스스로가 이름 없는 단역처럼 느껴졌다. 오디션 장 밖으로 나와 편의점으로 향했다. 시원한 음료를 집어 들어 계산을 마치고 테라스 의자에 자리를 잡았다. 캔 뚜껑을 거침없이 따고 벌컥벌컥 마시며 오디션을 곱씹어 봤다.

오랜만에 보는 오디션에 마음이 들떴던 나는 영화의 내용과 배역을 꼼꼼히 분석했다. 배우였지만 감독이 된 그녀(배역)를 보며 나와 참 닮았다는 생각에 어쩌면 운명이 아닐까 생각했다. 하지만 오디션 현장에 도착하니 나와 같은 마음으로 왔을 수많은 배우들이 보였다.

어떤 이유에서인지 내 순서는 끝에서 3번째였다. 1차 대기실과 2차 대기실을 이동하며 1시간 반 정도 기다렸다. 기다리는 시간이 지루하긴 했지만 결코 힘들지 않았다. 기다리는 것보다 기다리지 않는 시간이 더 힘든 법이라는 걸 알고 있었으니까.

2차 대기실에 도착하니 지정 대사가 놓여있었다.

예상했던 스타일의 대사였고 어렵지 않은 대사라 어떻게 해석하고 표현하는지가 중요하겠단 생각이 들었다. 그녀였다면 어떤 심정이었을까 생각하며 연습했다.

드디어 내 순서가 되어 오디션 장으로 들어갔다. 준비해 간 자유연기는 중요한 대목을 앞두고 끊겼고 짧은 지정 연기를 끝으로 오디션은 5분도 채 되지 않아서 끝이 났다. 작품에 대한 질문이나 나에 대한 이야기는 할 수 없었다. 어떠한 질문도 없었기에 내가 한 말이라고는 정해진 대사가 전부였다.

오디션이 끝나고 밖으로 나오니 다음 순서를 기다리는 배우들의 얼굴에서 옅은 긴장감과 동시에 기대감이 보였다. 그들을 뒤로 한 채 걸음을 옮기는데 마음이 심란해졌다. 하루 이틀도 아니고 이제는 익숙해졌다고 생각했는데 아니었나 보다. 긴 기다림과 다르게 이토록 허무하게 끝난 오디션에는 언제나 마음이 어려웠다.

테라스에 앉아 음료수 한 캔을 다 비우고 나서야

기운을 되찾았다. 이대로 있다간 남은 하루마저 침울하게 보낼 것 같단 생각이 들어 얼른 자리를 털고 일어났다. 오디션은 이미 끝이 났고 이제는 진짜 내 하루의 다음 장면으로 넘어갈 차례였다.

작가로서 출간 전 원고를 선보이게 된 스토리지북앤필름 강남점 전시장에 도착했다. 사람들 틈으로 동생의 얼굴이 보였다. 찾아온 이들을 맞이하느라 정신없는 동생과 가벼운 인사를 나눈 후 나의 원고들이 전시되어 있는 벽면 앞에 섰다. 분명 외울 듯이 보고 또 본 글이었는데 종이 위에 출력되어 낯선 공간에 전시되어 있는 걸 보니 새로웠다. 근사하게 느껴졌다가도 마치 일기장을 펼쳐 놓은 것처럼 쑥스럽기도 했다.

전시와 출간이라는 아직은 실감 나지 않는 상황에 가슴이 두근거렸다가도 여전히 오디션에 대한 미련으로 마음이 복잡했다. 환기를 시킬 겸 서점 안의 책들을 구경했다. 다양한 표지만큼이나 저마다 다양한 이야기들이 담겨 있었다. 모두가 자신의 이야기를 하고 있었다. 솔직한 내면의 이야기부터 시시콜콜한 에피

소드, 엉뚱한 고백까지.

 어쩌면 오늘 내 하루도 한 페이지가 될 수 있을까. 그런 생각을 하며 책을 덮고 나니 어느새 많은 사람들이 서점 안을 채우고 있었다. 다시 나의 글이 전시되어 있는 공간으로 향했다.

 시선을 고정시킨 채 글을 읽어주는 이들이 하나둘 늘어가는 것을 보며 가슴이 뛰기 시작했다. 나를 조금도 알지 못하는 이들에게 나의 글은 어떻게 읽혀질까.

 그때 유심히 글을 읽던 한 남자가 함께 온 이에게 '이거 완전 내 이야기야!' 하더니 원고가 담긴 페이퍼를 들고는 곧장 카운터로 향했다. 그 모습을 보는데 마음속 깊은 곳에서 알 수 없는 감정이 쑥 하고 올라왔다. 나의 이야기가 누군가의 삶에 포개질 수 있다는 건 꽤 근사한 일이었다. 허전했던 마음이 조금씩 채워지는 걸 느꼈다.

 이후로도 조용히 글을 읽던 몇 사람들이 페이퍼를 구매해갔다. 낯선 누군가의 손에 들려 여행을 떠나는 나의 글들을 보며 속으로 기뻐 손을 흔들기도 했고 감사의 인사를 전하기도 했다.

    작은 단역처럼 느껴지던 오후를 지나고 나는 다시 주인공의 자리를 탈환했다. 연기를 하며 가장 지칠 때는 오디션에 탈락을 할 때가 아니라 아무런 피드백이 없을 때다. 긴 시간 연기를 해왔지만 관객을 만날 기회는 많지 않았다. 침묵과 가까운 시간을 지날 때면 내가 제대로 하고 있는 게 맞을까 하는 생각에 힘이 빠지곤 했다. 그런데 오늘 나의 글을 읽으며 자유롭게 감상을 나누는 이들을 마주하니 마치 관객을 만난 배우가 된 것처럼 기뻤다. 나의 이야기가 무대와 영화가 아닌 글이라는 통로로도 충분히 전해질 수 있다는 사실을 처음 느낀 순간이었다.

    다시금 삶의 주인공으로서 내 몫을 다해 살아가겠다는 다짐을 한다. 무대에서든, 영화에서든, 책에서든 나의 이야기가 진심으로만 빛날 수 있도록. 아직 나의 이야기는 관객을 만나지 못한 상영 예정작이지만 기대되는 예고편을 가지고 관객들을 기다려야겠다고, 그런 다짐을 했다.

씨앗을 심는 일

씨앗은 흙 속에 숨겨진 보석이다. 다만 그 보석의 가치를 아는 사람에게만 반짝하고 빛이 나는 보석. 아빠는 그 가치를 잘 아는 사람이었다. 투박하고 거친 손으로도 작은 씨앗을 섬세하게 잘 심고 잘 키워내셨다. 재작년엔 아빠가 씨앗으로 심었던 봉숭아가 울긋불긋 예쁘게도 자라서 그 꽃잎으로 손톱에 봉숭아 물도 들였다. 봉숭아뿐 아니라 아빠의 손을 거치면 씨앗은 어느새 오이가 되고, 가지가 되고, 상추가 되어 내 입속으로 들어왔다.

어깨너머로 아빠에게 배운 건 잠든 씨앗을 깨어서 꽃을 틔우게 하는 마법 같은 기술이 아닌 애정과 기다림이었다. 씨앗마다 어울리는 흙을 덮어주고, 물을 주는 일. 베란다에 햇살이 내려와 앉을 때면 화분들을 모아 볕이 있는 곳에 데려가 주는 일. 애정을 가지고 지켜보며 기다려주는 일. 싱거울 만큼 특별할 것 없는 방법이었지만 씨앗들에겐 그 정통법이 통했는지, 포기할까 싶을 때쯤 흙 위로 조그마한 싹이 고개를 내민다.

흙더미에서 옅은 초록을 발견하는 일은 사람의 마

음을 뭉클하게 한다. 씨앗을 심은 일을 잊어버린 사람에게는 우연한 행운일지 몰라도 애정을 가지고 기다린 사람에게는 더할 나위 없는 위로와 반가움이다.

 흙을 뚫고 올라오기 까지는 오랜 기다림이 필요하지만 그다음부터는 속도를 내며 자란다. 제법 새싹의 형태를 갖추기 시작하면 새 친구를 데려오듯 곁에 새로운 초록이 어느새 슬그머니 고개를 내민다. 하나둘 올라온 잎들을 보면 이젠 외롭지 않겠구나 마음이 놓인다. 점만큼이나 작은 씨앗들이 선을 이루고 줄기가 되어 동그란 잎을 낸다. 그 잎들이 조금 더 단단해지고 견고한 뿌리를 내리면 씨앗에 따라서 언젠가는 꽃을 피우고 열매를 맺기도 한다. 마찬가지로 그렇지 않은 씨앗도 있다.

 예전에 꽃을 피우지 않는 식물을 선물받은 적이 있다. 나는 식물을 가꾸며 당연하게 꽃을 기대했다. 반짝 빛나는 단단해진 잎을 보면서도 꽃을 기다렸다. 꽃을 피우지 않는 식물이라는 것을 알았을 때는 이미 잎이 다 시든 후였다. 그 식물의 가치를 알아봐 주지 못해 시들어버린 게 아닐까 생각했다.

이제는 새로 만난 씨앗에 흙을 덮기 전에 알맞은 물의 주기와 햇빛의 양, 온도부터 잊지 않고 확인한다. 알아가는 것부터가 애정의 시작이다.

나의 기대가 아닌 그에 맞는 응원을 해줄 수 있는 마음. 식물을 키우며 나의 애정도 함께 자란다.

기쁨과 슬픔의 시작은

사랑

일에 기쁨만이 존재한다면 좋겠지만 일에는 언제나 기쁨과 슬픔이 함께 동반한다. 웃고 울면서 또 울고 웃으면서 우리는 살아간다. 웃다가 울든, 울다 웃든 중요한 것은 어쨌든 웃는다는 것.

웃음만이 넘치던 시절도 있었다. 무엇을 하든 행복했다. 새벽 일찍 일어나 혼자 짐을 꾸리고 촬영장을 가는 길이 춥고 고되도 나를 불러주는 작품이 있다는 것이 행복했고, 예상치 못한 대기에 혼자 빈 대기실에 앉아 있어도 기다릴 수 있어 행복했다. 말도 안 되는 페이를 받은 적도 있지만 그런데도 내가 좋아하는 일로 돈을 벌 수 있다는 것이 감격스러웠다. 촬영이 끝나고 녹초가 된 몸으로 택시가 아닌 고속버스를 기다리며 버스 여행을 할 수 있어서 좋다고 여겼다.

그러다 정말 고생하며 찍었던 작품을 받지 못했을 때는 처음 슬픔을 느꼈다.

나에게 있어 일의 기쁨과 슬픔은 이랬다. 슬픔 속에서도 기쁨을 느꼈고 슬픔 속에서도 일에 대한 사랑이 있었다. 그런 나에게 기쁨과 슬픔이 점점 희미해지고 있었다. 그것이야말로 정말 슬픈 일이었다. 새벽에 혼자 일어나 짐을 꾸리며 촬영장 가는 길이 익숙해졌고 대기가 길어지면 지루해졌다. 노력에 비해 부족한 촬영 페이에는 마음이 상했다. 그러나 촬영이 끝나고 집에 돌아가는 길에는 여전히 버스여행이 시작됐다.

  어두운 버스 창가에 앉아 그날의 촬영을 곱씹으며 반성했다. 더 좋은 연기를 하고 더 좋은 사람이었어야 했다며 스스로를 다그치는 버스 여행은 나를 조금 더 지치게 만들었다. 하지만 여전히 버스 한 칸, 나의 자리가 있다는 것이 기뻤다. 일을 할 수 있다는 것에 언제나 감사했다.

  그러다 코로나가 시작되었고 조금씩 주춤하던 촬영들이 현저히 줄어들면서 나의 일의 기쁨과 슬픔 역시 줄어들었다. 어쩌면 당연했다. 일이 없으니 그에 따른 기쁨과 슬픔을 느낄 겨를 또한 없었다. 한 달에 한 번꼴로 촬영을 하게 되는 상황에 놓이자 간절했던 일에 대한 욕구도 서서히 그에 걸맞은 크기로 작아졌다.

  내가 하고 싶은 영화, 드라마보다 훨씬 많은 공급이 있는 바이럴 광고 위주로 촬영을 하게 되었다. 여전히 일을 할 수 있다는 것에 감사했지만 순전한 기쁨의 감사보다는 안도의 감사, 게으른 감사였다. 촬영이 끝나고 집에 돌아가는 길이면 하나의 작품에서 연기를 하고 싶다는 생각에 가슴이 다시 뜨거워졌다가도 집에 도착하면 지쳐 쓰러졌다.

'코로나 때문'이라는 핑계는 일에 대한 나의 기쁨과 슬픔을 빼앗아갔다. 침대에 멍하니 누워있는데 보란 듯이 벽에 붙여 놓은 큼지막한 글이 보였다.

포기하지 마, 움직여!
무엇이든 할 수 있고 될 수 있어!

종이 위 글자들이 나에게 소리치는 것 같았다. 벌떡 일어나 유튜브 창을 열어 [배우 독백 연기]를 검색했다. 하나같이 간절한 눈빛으로 카메라를 쳐다보는 배우들의 얼굴을 바라봤다. 마치 나에게 말을 거는 것만 같았다. 어떤 이는 슬픈 눈빛으로 그저 바라봤고 어떤 이는 사랑을 이야기했다. 또 다른 이는 버럭 화를 내기도 했다. 그들은 모두 다른 감정을 품고 있었지만 느껴지는 에너지는 같았다. 일의 기쁨과 슬픔이 뒤섞인 표정, 그 반짝거림. 내 것이었던 반짝거림이 나

아닌 다른 이들에게서 보일 때면 분할 줄 알았는데 아니었다. 그때 내가 느낀 감정은 고마움이었다.

우리는 서로를 모르지만 반짝거리는 마음들이 어디로 향하고 있는지 알았다. 나도 그들과 함께 다시 웃고 울고 싶었다. 기뻐하고 슬퍼할 수 있다는 건 사랑하고 있다는 것이니까. 나는 나의 일을 다시 사랑하고 싶었다.

언젠가 나는 지금 내가 하고 있는 일이 짝사랑처럼 느껴질 때가 있다고 말한 적 있다. 지금은 나 혼자 좋아하는 짝사랑 같지만, 언젠가 나를 사랑해 줄 것이라 믿는다고.

그런데 어쩌면 짝사랑이 아니었을지도 모른다는 생각이 든다. 나는 늘 나 혼자만 고군분투한다고 생각했는데 실은 모두가 나의 곁에서 함께였다. 내가 작품 속 배우가 될 수 있도록 캐스팅해 준 사람들, 현장 속 각자의 자리에서 일의 기쁨과 슬픔을 느끼며 나아가고 있는 사람들, 그리고 나와 함께 오디션을 보며 나아가는 수많은 배우들. 모두가 함께 열심을 다하고 있었다.

짝사랑이라고 생각했던 지난 마음을 다시 정정한다. 우리는 서로 마주 보고 있다. 일이 나를 향해 열심히 달려오고 있다. 나도 다시 최선을 다해 달려나갈 준비를 한다. 운동화 끈을 질끈 고쳐 매고 기쁨으로 내달릴 것이다. 짝사랑은 끝났다.

사랑은 물음표가 아닌

느낌표

"너는 혈액형이 뭐야?"
"어떤 색을 좋아해?"
"좋아하는 노래는?"

마치 그 애의 모든 것을 꿰뚫어 보겠다는 듯이 줄줄이 물음표를 늘어놓던 어린 시절이 있었다. 나에게 사랑은 언제나 호기심과 함께였기에 좋아하는 사람을 향한 마음의 모양은 어쩌면 하트보단 물음표일지도 모른다고 생각했다.

그 물음표가 느낌표로 바뀌는 순간, 사랑이 시작되는 게 아닐까?

"어! 나도 혈액형 O형인데!"

호들갑을 떨게 되는 그 사람과 나의 교집합 찾기.
사랑의 시작이다!

내게도 물음표를 늘어놓던 남자들이 있었다. 호기심 어린 표정으로 답을 기다리던 어린 날의 나와 같은 얼굴을 한 그들에게 나는 기꺼이 기쁨으로 느낌표를 던지곤 했다.

"나는 성격 좋은 O형이고, 노란색을 좋아해. 노래는 정말 다양하게 다 듣는데 가사가 귀엽거나 달달하면 더 좋아! 때때로 용기를 내서 아주 슬픈 노래를 듣기도 하고."

그들의 질문에 막힘없이 잘 대답했지만 그들이 정말로 나를 알고 있을까, 아마도 그건 아닐 거라 생각한다. 좋아하는 노래와 영화, 가고 싶은 곳은 뚜렷했지만 나는 늘 결정적인 물음에는 답하지 못했다. 좋아하는 나의 마음이 착각일지도 모른다며 괜한 신중을 기하기도 했었고, 실제로 좋아하지 않아서 미안함에 대답을 미루기도 했다. 더 이상 그들에게 줄 느낌표는 없었고 그들은 커다란 물음표만 남긴 채 떠났다.

시간이 지나 정말 좋아하는 사람을 만난 후 나는 새롭게 깨달았다. 정말 사랑에 빠지는 순간에는 궁금했던 것들이 더 이상 궁금해지지 않는다는 것을. 그 사람이 어떤 노래와 영화를 좋아하는지, 시시콜

콜한 호기심을 넘어서 내가 어떤 사람인지 말해주고 싶어진다.

 나의 혈액형은 맑은 O형이며, 내 MBTI는 ENFJ 정의로운 사회운동가 형이며 발라드보단 밝고 상큼한 아이돌 노래를 좋아하고 가장 좋아하는 냄새는 비누 냄새, 여름을 사랑하고 6년째 단발머리이며 현재 앞머리를 기르고 있어 왼쪽 눈이 자주 찔린다는 것, 소설은 주로 성장 소설을 즐겨 읽지만 요즘은 로맨스를 읽고 싶다는 것 등. 나에 대한 TMI를 늘어놓고 싶어진다.
 나의 TMI 속에 그와의 교집합이 있다면 좋겠지만 그렇지 않더라도 괜찮다. 새로운 교집합은 만들어가면 될 테니까. 이런 생각이 들자 나는 자꾸만 물음표가 아닌 느낌표를 던지게 된다.

 "우리 오늘 만날래?"가 아닌 "우리 오늘 만나자!"

 문장 끝에 달려있는 느낌표가 점프를 한다. 설렘으로 콩콩 뛰는 느낌표를 외면할 수 없어서 그가 나올 것이라 확신하며 건네는 말에는 사실, 대답은 필요 없다.

사랑은 (　　)가 아닌 느낌표!

♡ ≠?　♡ =!